BEI GRIN MACHT SICH IHR WISSEN BEZAHLT

- Wir veröffentlichen Ihre Hausarbeit, Bachelor- und Masterarbeit

- Ihr eigenes eBook und Buch - weltweit in allen wichtigen Shops

- Verdienen Sie an jedem Verkauf

Jetzt bei www.GRIN.com hochladen und kostenlos publizieren

Bibliografische Information der Deutschen Nationalbibliothek:

Die Deutsche Bibliothek verzeichnet diese Publikation in der Deutschen Nationalbibliografie; detaillierte bibliografische Daten sind im Internet über http://dnb.d-nb.de/ abrufbar.

Dieses Werk sowie alle darin enthaltenen einzelnen Beiträge und Abbildungen sind urheberrechtlich geschützt. Jede Verwertung, die nicht ausdrücklich vom Urheberrechtsschutz zugelassen ist, bedarf der vorherigen Zustimmung des Verlages. Das gilt insbesondere für Vervielfältigungen, Bearbeitungen, Übersetzungen, Mikroverfilmungen, Auswertungen durch Datenbanken und für die Einspeicherung und Verarbeitung in elektronische Systeme. Alle Rechte, auch die des auszugsweisen Nachdrucks, der fotomechanischen Wiedergabe (einschließlich Mikrokopie) sowie der Auswertung durch Datenbanken oder ähnliche Einrichtungen, vorbehalten.

Impressum:

Copyright © 2016 GRIN Verlag, Open Publishing GmbH
Druck und Bindung: Books on Demand GmbH, Norderstedt Germany
ISBN: 9783668367999

Dieses Buch bei GRIN:

http://www.grin.com/de/e-book/349758/jugend-zwischen-peer-group-und-familie

Anonym

Jugend zwischen Peer-Group und Familie

GRIN Verlag

GRIN - Your knowledge has value

Der GRIN Verlag publiziert seit 1998 wissenschaftliche Arbeiten von Studenten, Hochschullehrern und anderen Akademikern als eBook und gedrucktes Buch. Die Verlagswebsite www.grin.com ist die ideale Plattform zur Veröffentlichung von Hausarbeiten, Abschlussarbeiten, wissenschaftlichen Aufsätzen, Dissertationen und Fachbüchern.

Besuchen Sie uns im Internet:

http://www.grin.com/

http://www.facebook.com/grincom

http://www.twitter.com/grin_com

Schriftliche Hausarbeit

Im Studiengang Kindheitspädagogik B.A.

Jugend zwischen Peer-Group und Familie

Inhaltsverzeichnis

Inhaltsverzeichnis I

1 Einleitung 1

2 Sozialisationsinstanz Familie 2

2.1 Merkmale heutiger Familien als soziale Gemeinschaft 2

2.2 Die zentralen Aufgaben für die Familie als Sozialisationsinstanz 3

2.3 Sozialisationspraxen und ihre Auswirkungen 4

3 Sozialisationsinstanz Peer-Group 5

3.1 Peer-Group – Merkmale und Ausführungen 5

3.2 Die zentralen Aufgaben für die Peer-Group als Sozialisationsinstanz. 6

4 Das Zusammenwirken beider Sozialisationsinstanzen 7

4.1 Auswirkungen auf die Persönlichkeitsentwicklung 8

5 Schlussbetrachtung 9

Literaturverzeichnis 11

1 Einleitung

Obwohl jeder Mensch für sein Leben selbst verantwortlich ist, so lebt er doch nicht allein. Das Menschen Gemeinschaften bilden, liegt in ihrer Natur. So bildeten sie schon vor tausenden von Jahren Gemeinschaften, in denen sie den Großteil ihrer Zeit verbrachten. Diese Eigenschaft hat sich bis heute nicht geändert. Innerhalb dieser Gemeinschaft ist ein Mensch in der Lage, anhand sozialer Beziehungen seine individuelle Persönlichkeit auszubilden.

Normalerweise knüpft ein Kind nach seiner Geburt die ersten Kontakte mit seiner ersten Gemeinschaft, seiner Familie. Kommt das Kind in ein gewisses Alter, kommt es in Berührung mit Anderen, sei es im Bekanntenkreis der Eltern, Kindergarten oder in der Schule. Diese Entwicklung resultiert in der Gründung einer eigenen Gemeinschaft, der eigenen Familie.

Innerhalb dieser beschriebenen Entwicklung sehen sich Menschen Sozialisationsinstanzen ausgesetzt, welche für Kinder und Jugendliche in der Herausbildung ihrer eigenen Identität und in der Findung ihres Platzes innerhalb der Gesellschaft bedeutend sind. Diese Sozialisationsinstanzen - Familie, Schule und Gleichaltrigen Gruppen – haben laut Grundmann die Aufgabe, für die Weitergabe von Wissen und Fertigkeiten zu sorgen. Ebenfalls sind sie für die Eingliederung in die Gesellschaft, für die Vermittlung zwischen Eigenständigkeit und Integration sowie für die individuelle Interessensvertretung verantwortlich[1].

Diese verschiedenen Sozialisationsinstanzen wirken in der Regel simultan. Für die vorliegende Arbeit ist die Sozialisationsinstanz der Peer-Group von herausragender Bedeutung, da diese sich in den letzten Jahrzehnten zu einem überaus starken und einflussreichen Faktor entwickelt hat. Somit erscheint es für sinnvoll zu untersuchen, inwieweit die Sozialisationsinstanzen Familie und Peer-Group sich zueinander verhalten und welche Auswirkungen dieses Verhalten auf den Sozialisationsprozess einnimmt. Ausgangspunkt der Forschungsfrage ist die Vermutung, dass Sozialisationsfaktoren in Konkurrenz zueinander stehen.

Im ersten Part der vorliegenden Arbeit wird somit zunächst auf die Familie und auf die Peer-Group eingegangen und im Einzelnen dargestellt. Im zweiten Part wird im Hinblick auf die Forschungsfrage das Zusammenwirken der beiden Sozialisationsinstanzen untersucht, woraufhin dies mit einer abschließenden Ergebniszusammenfassung abgerundet wird.

---

[1] Vgl. Grundmann (2006): 17.

2 Sozialisationsinstanz Familie

Die Sozialisationsinstanz Familie ist durch einen permanenten Wandel gekennzeichnet und unterliegt seit Anbeginn ihrer Existenz unter enormem Wandlungen. Durch diese permanenten Änderungen wandelt sich dementsprechend auch die Bedeutung der Familie als Sozialisationsinstanz. Hierbei handelt es sich im speziellen um die spezifischen Rollen der Eltern, welche verschiedenen sozialisatorischen Rollen beinhalten. Im Folgenden werden diese nun explizit herausgestellt und als Ergebnis verschiedene Erziehungsstile dargestellt, da diese Auswirkungen auf die Sozialisationsinstanz Familie haben.

2.1 Merkmale heutiger Familien als soziale Gemeinschaft

„Wann immer sich Erwachsene Kindern annehmen und sie dauerhaft erziehen und diese Verantwortung staatlich anerkannt ist, bilden sie eine Familie."[2] Diese Definition von Hildegard Macha erscheint wohl als allgemeinste Definition von einer Kernfamilie. Sie beschreibt jedoch lediglich welche Bedingungen auf der rechtlichen Seite erfüllt werden müssen, um als Familie anerkannt zu werden. Dabei bleibt vollkommen offen, wie Erwachsene sich ihrer Kinder annehmen und diese Erziehen.

Diese beschriebene Kernfamilie erreichte in den 1960er Jahren ihren Höhepunkt, da 90% der Erwachsenen zu dieser Zeit die Ehe als Lebensform wählten.[3] Allerdings befindet sich die Ehe, in welcher laut traditionellem Verständnis der Vater als Geldverdiener und die Mutter als Erzieherin fungiert, unter stetigen Wandel. Hurrelmann sieht als Grund hierfür die Differenzierung der gesellschaftlichen Systeme in den letzten zweihundert Jahren. Durch diese Änderungen ist die Familie nicht mehr länger die soziale Gemeinschaft, in welcher sie gleichzeitig die Aufgaben der Nahrungsproduktion, Berufsausbildung und Altenpflege inne hat, sondern nur noch als eines von verschiedenen sozialen Systemen fungiert. Die Konsequenz daraus ist, dass die Familie sich zu einer sozialen Gemeinschaft entwickelt, welche keinen Raum mehr für ein Zweckbündnis lässt, sondern dessen Zusammenhalt auf Liebe, Zuneigung, Emotionalität und Verbundenheit ruht[4].

Gerade in den westlichen Gesellschaften haben Familien mittlerweile die unterschied-

---

[2] Macha (1997): 19.
[3] Vgl. Hurrelmann (2004): 107.
[4] Vgl. Hurrelmann (2002): 129.

lichsten Formen und Merkmale. Dazu zählen laut Schober-Penz beispielsweise nichteheliche Gemeinschaften, Ehepaare auch ohne Kinder, Patchwork-Familien oder Alleinerziehende. Dies bestätigt die weiter oben genannte These, dass das soziale Gebilde einer Familie sehr dynamisch und äußerst vielfältig auftritt[5]. Aus diesem Grund erscheint für die vorliegende Arbeit eine Konzentration auf die Definition, welche die Familie als Lebensform des dauerhaften Zusammenlebens von mindestens einem Elternteil und einem Kind charakterisiert, am geeignetsten.[6] Aufgrund des beschränkten Rahmens dieser Arbeit werden mögliche Geschwisterbeziehungen innerhalb der Familie nicht thematisiert.

2.2 Die zentralen Aufgaben für die Familie als Sozialisationsinstanz

In der Regel stellen Mutter und Vater den ersten Kontakt für ein Kind dar und sind deshalb von außerordentlicher Bedeutung für dessen Persönlichkeitsentwicklung. Aus diesem Grund nennt Schober-Penz die Sozialisation als Kernfunktion einer Familie[7], Hurrelmann pflichtet dem bei und spricht von der Familie als primärer Sozialisationsfaktor.[8] Somit lässt sich zunächst einmal allgemein feststellen, dass Eltern in der ersten Phase eines jeden Kindes das Monopol der Sozialisation inne haben. In der weiteren Kindheit und den Anfängen der Jugend wird der Familie weiterhin die größte Bedeutung der Sozialisationsleistung zugeschrieben.

Von diesem Fakt ausgehend benennt Schneewind in Hurrelmanns Handbuch für Sozialforschung vier zentrale Aufgaben für die Familie als primärer Sozialisationsfaktor. Dabei handelt es sich zu aller erst um die Verantwortung für die Pflege des Kindes. Dies beinhaltet die Versorgung der Grundbedürfnisse Nahrung, Wärme und körperlicher Unversehrtheit[9]. Ebenfalls dienen die Eltern als soziales Vorbild im Hinblick auf Interaktionen mit anderen Menschen sowie in sozialen Beziehungen.[10] Als dritte Aufgabe für die Familie als primärer Sozialisationsfaktor obliegt den Eltern selbstverständlich die Erziehung ihres Kindes. Diese sollte im bestmöglichen Fall das Kind auf ein selbstbestimmtes, eigenständiges und gemeinschaftsfähiges Leben vorbereiten. Als vierte und letzte Aufgabe wird die Bereitstellung des Faktors Bildung genannt. Dabei ist sowohl der alltägliche Umgang mit den Kindern, bei-

---

[5] Vgl. Schober-Penz (1998): 7.
[6] Vgl. Hurrelmann (2002): 130.
[7] Vgl. Schober-Penz (1998): 8.
[8] Vgl. Hurrelmann (2002): 127.
[9] Vgl. Schneewind (2008): 257.
[10] Vgl. Hurrelmann (2004): 109.

spielsweise das anfertigen von Hausaufgaben, als auch die Zusammenarbeit mit außerfamilialen Bildungsinstanzen gemeint[11].

Wie und in welcher Form diese zentralen Aufgaben der primären Sozialisationsinstanz Familie umgesetzt werden, hängt maßgeblich am Erziehungsstil der Eltern ab.

2.3 Sozialisationspraxen und ihre Auswirkungen

Im Folgenden Kapitel soll gezielt darauf eingegangen werden, mit welchen unterschiedlichen Erziehungsstilen Eltern die im vorherigen Kapitel beschriebenen zentralen Aufgaben, welche als primäre Sozialisationsinstanz ihres Kindes entstehen, umsetzen. Dazu werden die von Hurrelmann aufgestellten fünf verschiedenen Sozialisationspraxen, deren Gebrauch für die Entwicklung des Kindes maßgebend ist, analysiert.

Grundsätzlich wird zwischen einer autoritären und einer permissiven oder auch vernachlässigenden Erziehung unterschieden. Bei einem autoritären Erziehungsstil wird dank strikter Regeln sowie klarer Grenzen direkt auf die Persönlichkeitsentwicklung des Kindes eingewirkt, wobei individuelle Bedürfnisse nicht berücksichtigt werden. Dadurch entsteht eine einseitige Bestimmung der Erziehung durch die Autoritätspersonen, in diesem Fall die Eltern, ohne aktive Mitgestaltung des Kindes, womit eine selbstbestimmte Persönlichkeitsentwicklung nahezu ausgeschlossen wird[12].

Den genauen Gegensatz dazu bildet der permissive als auch der vernachlässigende Erziehungsstil. Wie der Name schon vermuten lässt, sind diese Erziehungsstile durch einen Verzicht auf Regeln oder elterliche Eingriffe in die Persönlichkeitsentwicklung des Kindes geprägt. Jedoch könnte diese Regellosigkeit das Gefühl von Vernachlässigung oder Missachtung beim Kind hervorrufen[13]. Diesen drei vorgestellten Sozialisationspraxen ist mittlerweile von verschiedenen empirischen Studien nachgewiesen worden, dass sie sich durchwegs negativ auf die Entwicklung des Kindes auswirken.[14] Aus diesem Grund sind diese für eine erfolgreiche Sozialisation als ungeeignet zu betrachten.

Als vierte Sozialisationspraxis nennt Hurrelmann den überhüteten Erziehungsstil, welcher sich durch eine Mischung aus überharter Autorität sowie extremer Berücksichtigung aus-

---

[11] Vgl. Schneewind (2008): 258.
[12] Vgl. Grundmann (2006): 115.
[13] Vgl. Hurrelmann (2002): 162.
[14] Vgl. Grundmann (2006): 115.

zeichnet.[15] Negativ hierbei ist, dass durch die gleichermaßen autoritäre wie überhütete Erziehung dem Kind alle wichtigen Entscheidungen genommen werden und somit keine eigenständige Persönlichkeitsentwicklung stattfinden kann.[16]

Die fünfte und von Hurrelmann als einzig positiv konnotierte Sozialisationspraxis ist die autoritative. Diese Praxis zeichnet sich durch viel Wärme, Zuwendung und Anerkennung aus, welches den Zusammenhalt betont, sowie durch Kontrolle und einer gewissen Sanktionierung bei Regelbrüchen. Dadurch werden Freiräume geschaffen, welche förderlich für die Persönlichkeitsentwicklung sind, allerdings dabei nicht den Zusammenhalt der Familie gefährden[17].

3 Sozialisationsinstanz Peer-Group

Neben der Familie ist in der vorliegenden Arbeit die Sozialisationsinstanz der Peer-Group von Bedeutung. Diese ist neben der Familie ein weiterer, wichtiger Faktor in der Persönlichkeitsentwicklung von Kindern und Jugendlichen. Laut Hurrelmann fungiert diese als tertiäre Sozialisationsinstanz als Bindeglied zwischen der Familie und den politischen, kulturellen und wirtschaftlichen Bereichen der Gesellschaft.[18]

3.1 Peer-Group – Merkmale und Ausführungen

Im Allgemeinen wird eine Peer-Group als ein Zusammenschluss von Gleichaltrigen beschrieben. Dabei nimmt die Schule eine überragende Position ein, da diese viele Gleichaltrige zusammenführt welche miteinander interagieren, kooperieren und konkurrieren können[19]. Die Mitglieder einer solchen Gruppe zeichnen sich allerdings nicht nur durch dasselbe Alter aus, sondern durch entwicklungsbedingte ähnliche Fähigkeiten, eine gemeinsame soziale Lage und gemeinsame Persönlichkeitsmerkmale.[20] Deshalb erscheint es als logisch, dass Peer-

---

[15] Vgl. Hurrelmann (2002): 165.
[16] Vgl. Fend (1998): 359.
[17] Vgl. Hurrelmann (2004): 111.
[18] Vgl. Hurrelmann (2002): 240.
[19] Vgl. Traub (2005): 45.
[20] Vgl. Grundmann (2006): 129-130.

beziehungen nicht nur zeitlich begrenzt sind, sondern teilweise über eine gesamte Lebensspanne nachgewiesen werden können.[21]

Ein weiteres bedeutendes Merkmal ist die Fähigkeit der Herausbildung eines charakteristischen Wir-Gefühls. In diesem Fall wird laut Oswald das gruppenrelevante Verhalten der Mitglieder mit Hilfe gemeinsamer Normen geregelt[22]. Ist dieser Gruppencharakter besonders stark ausgeprägt, kann dies zu einer Bildung einer eigenen Subkultur führen. Hierbei sind essentielle Übereinstimmungen in Bereichen wie Kleidung, Sprache oder Wertevorstellungen von Nöten, um sich bewusst in eine eigene Lebenswelt eingliedern und sich von der Hierarchie und Unterordnung geprägten Erwachsenenwelt abgrenzen[23].

3.2 Die zentralen Aufgaben für die Peer-Group als Sozialisationsinstanz

In einer Peer-Group kommen wie zuvor beschrieben Kinder und Jugendliche mit ähnlichen Bedürfnissen und Interessen zusammen und erfüllen dadurch ihr Verlangen nach Zugehörigkeit und Beteiligung. Dabei erhalten sie erstmals außerhalb der familiären Gemeinschaft Rückmeldungen über die Wirkung der eigenen Persönlichkeit auf andere. Dadurch bieten sich ihnen Vergleichsmöglichkeiten, welche einen unschätzbaren Wert auf die Persönlichkeitsausübung haben[24].

Eine äußerst wichtige Funktion der Peer-Group ist, Fähigkeiten außerhalb der Kontrolle der Eltern zu erlernen, welche sie für die Schule, den Beruf und die Öffentlichkeit benötigen. Dabei erlernen die Jugendlichen was es heißt, Verantwortung für sein eigenes Handeln zu tragen und Funktionen einer Gruppe zu übernehmen[25].

Besonders wichtig für die heutige Zeit ist die Funktion eines Forums für die außerhäusliche Konsumgestaltung, im speziellen bei der Medien- und Konsumwelt. Dabei wird den Heranwachsenden geholfen, den Anforderungen in der Medienwelt genüge zu tragen und sich in der immer unübersichtlicher werdenden Konsumgesellschaft zu orientieren[26]. Dadurch ist klar, dass im Kontext einer Peer-Group nicht nur informelle Lernprozesse ablaufen, welchen der Wertebildung und Identitätsfindung dienen. Vielmehr umfasst diese auch eine Auseinan-

---

[21] Vgl. Ebd.: 134.
[22] Vgl. Oswald (2008): 322-323.
[23] Vgl. Hurrelmann (2004): 132.
[24] Vgl. Götzinger (1998): 13.
[25] Vgl. Hofer / Wild / Noack (2002): 147.
[26] Vgl. Hurrelmann (2002): 240.

dersetzung über populäre Problemlagen oder Alltagsthemen, wodurch automatisch ein Zugewinn an Wissen generiert wird. Somit ist klar ersichtlich, dass Peer-Groups neben Werte und Normen auch in verschiedenen Bereichen Wissen generieren. Allerdings gilt es zu beachten, dass dies nur ein Teil der wesentlichen Aufgaben und Prozesse der Peer-Groups darstellen, da diese noch in vielen weiteren Bereichen zuträglich sind, diese allerdings den Rahmen dieser Arbeit sprengen würden.

Im Bezug auf die Bedeutung der Peer-Groups auf Kinder und Jugendliche stehen sich zwei zentrale Ansichten in der Forschung gegenüber. Dabei handelt es sich um den positiven Einfluss, welche Jugendliche von Gleichaltrigen erfahren, sowie mögliches riskantes oder abweichendes Verhalten aufgrund dieser Einflüsse. Über etwaige positive Einflüsse des Peers schlussfolgert Angelika Traub, dass Kinder ohne Freunde ein nicht so hohes Maß an Sozialverhalten im Umgang mit Gleichaltrigen besitzen.[27] Besonders positiv hervorzuheben ist zudem, dass Heranwachsende, welche sich innerhalb eines Freundeskreises befinden, sozial kompetenter, kooperativer, altruistischer, geselliger und selbstbewusster sind.[28] Jedoch nicht jeder Einfluss, den ein Heranwachsender von seiner Peer-Group bekommt, ist automatisch ein positiver. So bezieht sich die zweite Zentrale Ansicht auf riskantes und abweichendes Verhalten bei Jugendlichen, wie beispielsweise übermäßiger Drogen- und Alkoholkonsum oder die Anwendung von Gewalt. Dieses abweichende Verhalten, welches in der Entwicklung zu radikalen Jugendbanden und fanatischen Sekten gipfelt, wird auf den Peer-Einfluss zurückgeführt[29]. Dies wurde mittlerweile allerdings in zahlreichen Studien widerlegt, da nachgewiesen wurde, dass Beispielsweise der „falsche" Erziehungsstil der Eltern in abweichendes Verhalten der Kinder resultiert.

4 Das Zusammenwirken beider Sozialisationsinstanzen

Die in dieser Arbeit beschriebenen Sozialisationsinstanzen, die Familie und die Peer-Group, haben unweigerlich einen Einfluss aufeinander, da diese im Leben eines Heranwachsenden die größten Rollen einnehmen. Um die Auswirkungen und den Einfluss dieser sozialen Systeme, welchen sie aufeinander ausüben, analysieren zu können, ist es zunächst erforderlich ihre Gemeinsamkeiten und Unterschiede zueinander zu betrachten. Dabei wird

---

[27] Vgl. Traub (2005): 27.
[28] Vgl. Ebd.: 35.
[29] Vgl. Götzinger (1998): 13.

deutlich, dass die Relation zwischen den beiden viel häufiger durch Kontinuität als durch Gegensätzlichkeit gekennzeichnet ist. Gemeinsam ist diesen sozialen Systemen, dass der Umfang der miteinander geteilten Zeit in etwa die gleiche ist. Ebenfalls wird die Qualität der Familien- als auch Peerbeziehungen gleichermaßen positiv bewertet. Unterschiede zwischen den Systemen sind vor allem dann ausgeprägt, wenn strukturelle Merkmale wie Macht und Kontrolle verloren gehen. Diese dürfen nicht im Zusammenhang mit den erzieherischen Aufgaben der Eltern stehen[30].

Aus den bereits genannten Ähnlichkeiten lässt sich erahnen, dass es sich nicht um zwei voneinander getrennte Welten handelt, sondern von einer Kontinuität zwischen beiden Sozialsystemen ausgegangen werden kann. Eltern können hierbei direkten Einfluss oder auch indirekten Einfluss auf die Wahl der Peer-Beziehung ihres Kindes nehmen. Dabei spielt beispielsweise die Entscheidung über außerhäusliche Betreuungseinrichtungen eine tragende Rolle. Aus diesem Grund nennt Schneewind die Eltern als „Arrangeure einer Ökologie der Entwicklungsförderung". [31] Laut Fend ist es ebenfalls möglich, die Kontakte des Kindes zu managen, indem man es zu bestimmten Beziehungen animiert oder gewisse Beziehungen kritisch hinterfragt.[32]

Einflüsse, in denen Erfahrungen oder Normen aus Peer-Beziehungen des Kindes in die Familie getragen werden, sind wahrscheinlich. Diese wurden allerdings empirisch noch nicht ausreichend untersucht.[33]

4.1 Auswirkungen auf die Persönlichkeitsentwicklung

Da im zunehmenden Alter eines Kindes der Einfluss der Familie durch Peer-Beziehungen zurückgedrängt wird, kann es zu Konkurrenzsituationen zwischen beiden Sozialisationsinstanzen kommen. Laut Fend sind diese Spannungen jedoch äußerst gering und wirken sich eher gegenteilig auf die Sozialisation des Kindes aus. Dabei wurde durch verschiedene Studien, trotz aller Unterschiede in Merkmalen und Struktur, ein genereller Antagonismus zwischen Eltern und Freunden widerlegt[34]. Hurrelmann stellt in diesem Sinne fest, dass von beiden Instanzen unterschiedliche Einflüsse ausgehen, welche sich in der

---

[30] Vgl. Hofer/Wild/Noack (2002): 160.
[31] Schneewind (2008): 264.
[32] Vgl. Fend (1998): 343.
[33] Vgl. Hofer/Wild/Noack (2002): 163-164.
[34] Vgl. Fend (1998): 344.

Mehrheit eher ergänzen und nicht entgegenstehen.[35] Aus diesem Grund erscheint es als logisch, dass eine Doppelorientierung an Familie und Peer-Group vorherrschend ist. So weist die Forschung in Bezug auf inhaltliche Aspekte der Sozialisation auf eine Aufgabenteilung hin. Dabei fungieren die Eltern vor allem als Berater im Hinblick auf Schul- und Ausbildungspläne, moralische und soziale Werte und dem generellen Verständnis der Erwachsenenwelt gegenüber.[36] Auf der anderen Seite sind Peer-Beziehungen Verhaltensvorbilder im Freizeit- und Unterhaltungsbereich, bei Freundschaftsbeziehungen sowie in Aspekten der Liebe, Musik oder Mode.[37] Durch diese zentralen Unterschiede der Einflussnahme in Themen der Persönlichkeitsentwicklung sind widerstreitende Einflüsse zwischen der Peer-Group und der Familie nicht der Regelfall. Mitunter kann es zu leichten Konkurrenzsituationen zwischen Müttern und Gleichaltrigen kommen, beispielsweise im Aspekt der Liebe und Freundschaft oder bei persönlichen Geheimnissen.[38]

Durch die in dieser Arbeit dargelegten Fakten kann somit die traditionelle Annahme widerlegt werden, in welcher von einem konfliktbehafteten Verhältnis zwischen Familie und Peer-Group ausgegangen wird. Vielmehr sind verschiedene Studien zu dem Ergebnis gekommen, dass sich der Einfluss von Gleichaltrigen und Eltern nicht ausschließt, sondern die meisten Heranwachsenden ein gutes Verhältnis zu ihren Eltern und zu ihrer Peer-Group haben. Ein möglicher negativer Einfluss einer Peer-Beziehung ist demnach auf ein gestörtes Verhältnis zu den Eltern zurückzuführen[39].

5   Schlussbetrachtung

Abschließend lässt sich feststellen, dass obwohl abweichende Tendenzen zu beobachten sind, eine Konkurrenzsituation zwischen Familie und Peer-Group keine Gültigkeit besitzt. Vielmehr bleibt anzumerken, dass im Sinne einer positiven Entwicklung zu einem selbstbestimmten, eigenständigen und gesellschaftsfähigen Individuum innerhalb der Gesellschaft es wichtig ist, dass diese Sozialisationsinstanzen zusammenwirken. Eine erfolgreiche Sozialisation ist dementsprechend ohne den natürlichen Einfluss der Familie und den sozialisatorischen Leistungen der Peer-Group nicht möglich. Erst das Zusammenwirken der drei wichtigsten Instan-

---

[35] Vgl. Hurrelmann (2004): 130.
[36] Vgl. Fend (1998): 344.
[37] Vgl. Hurrelmann (2004): 130-131.
[38] Vgl. Jugendwerk der deutschen Shell (1992): 293.
[39] Vgl. Jugendwerk der deutschen Shell (1992): 319.

zen, in diesem Fall Familie, Schule und Peer-Group, sind essentiell für eine gelingende Sozialisation im Jugendalter.

Insgesamt ist in dieser Arbeit ersichtlich geworden, wie prägend verschiedene Sozialisationsinstanzen und dessen Einflüsse auf die Entwicklung eines Menschen einwirken. Die Quintessenz daraus bleibt, dass Freunde als eine Art zweite Familie anzusehen sind, die nicht in Konkurrenz zur Kernfamilie steht, aber genauso wichtig und genauso wertvoll ist.

Literaturverzeichnis

Fend, Helmut (1998): *Eltern und Freunde. Soziale Entwicklung im Jugendalter*. Hans Huber: Bern

Götzinger, Roland (1998): *Die Schule und die Freunde*. In: Politik und Unterricht – Zeitschrift zur Gestaltung des politischen Unterrichts. Jg. 24 / 1998, Heft 3. S.10-14.

Grundmann, Matthias (2006): Sozialisation. UVK Verlagsgesellschaft: Konstanz.

Hofer, Manfred / Wild, Elke / Noack, Peter (2002): *Lehrbuch Familienbeziehungen. Eltern und Kinder in der Entwicklung*. 2. Auflage. Hogrefe: Göttingen.

Hurrelmann, Klaus (2002): *Einführung in die Sozialisationstheorie*. 8. Auflage. Beltz Verlag: Basel.

Hurrelmann, Klaus (2004): *Lebensphase Jugend. Eine Einführung in die sozialwissenschaftliche Jugendforschung*. 7. Auflage. Juventa Verlag: München.

Jugendwerk der deutschen Shell (1992): *Lebenslagen, Orientierungen und Entwicklungsperspektiven im vereinigten Deutschland*. Band 2. Leske und Budrich: Opladen.

Macha, Hildegard (1997): *Familienerziehung – Wandel und Perspektiven*. In: Macha, Hildegard / Mauermann, Lutz (Hrsg.): Brennpunkte der Familienerziehung. Beltz Verlag: Weinheim. S. 14-33.

Oswald, Hans (2008): *Sozialisation in Netzwerken Gleichaltriger*. In: Hurrelmann, Klaus / Grundmann, Matthias / Walper, Sabine (Hrsg.): Handbuch Sozialisationsforschung. 7. Auflage. Beltz Verlag: Basel.

Schneewind, Klaus (2008): *Sozialisation in der Familie*. In: Hurrelmann, Klaus / Grundmann, Matthias / Walper, Sabine (Hrsg.): Handbuch Sozialisationsforschung. 7. Auflage. Beltz Verlag: Basel.

Schober-Penz, Angelika (1998): *Meine Familie*. In: Politik und Unterricht – Zeitschrift zur Gestaltung des politischen Unterrichts. Jg. 24 / 1998, Heft 3, S. 7-11.

Traub, Angelika (2005): *Ein Freund, ein guter Freund ... . Die Gleichaltrigenbeziehungen der 8- bis 9 Jährigen*. In: Alt, Christian (Hrsg.): Kinderleben – Aufwachsen zwischen Familie, Freunden und Institutionen. Band 2. VS Verlag für Sozialwissenschaften: Wiesbaden. S. 23-62.

BEI GRIN MACHT SICH IHR WISSEN BEZAHLT

- Wir veröffentlichen Ihre Hausarbeit, Bachelor- und Masterarbeit

- Ihr eigenes eBook und Buch - weltweit in allen wichtigen Shops

- Verdienen Sie an jedem Verkauf

Jetzt bei www.GRIN.com hochladen und kostenlos publizieren